AF542117

A. BOCHES. QUE. VEUX-TU ?

REVUE. EN. 1. ACTE. PAR G. R. V. & G. L

G.R.V. & G.L.

LA BOCHES QUE VEUX-TU ?

REVUE EN 1 ACTE.

REPRESENTÉE SUR LE FRONT LE 16 MAI 1915 A LA 103E BRIGADE

ILLUSTRATIONS DE F.D

LITHOGRAPHIE G. BOUCHARDEAU . REIMS

Etat-major
de la
109ème Brigade

Colonel Bernard
Ct la Brigade

Capitaine Lignereux

Lieutenant Lutz

Distribution

M. Léon Bual	{ Anastasie (La commère) Le Rédacteur
M. Messager	Le Compère
M. Gautheron	Le poilu de 1915
Mlle Luce Martin (12 ans)	{ Le Gosse 1er Conscrit de 1925
Le petit Jean Henry (10 ans)	2ème conscrit de 19[illegible]
La Marmite	Personnage muet

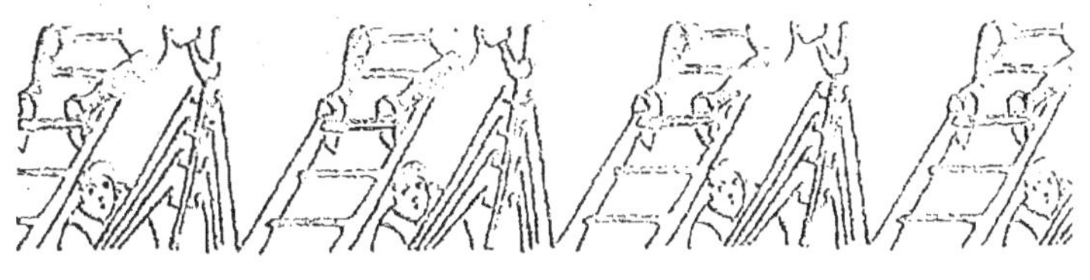

Une place publique à Reims

Scène I

Le compère, puis la commère

Au lever du rideau, le compère, en tenue de soldat téléphoniste, pose des fils, juché sur une échelle

Air : En revenant d' la Revue

Pour mettre un peu d'confort moderne
Dans nos terriers et dans nos trous,
Not' général, qu'est très paterne,
Veut qu'on ait l' téléphone partout.
Moi, pour commencer, je m' débine,
Puis, je m' dis : "En somme, après tout,
"Payons nous d'abord sa bobine
"Puisque ça n' nous coût' pas un sou.

Je dispos' l'instrument,
J'y fais passer l'courant;
J'fais appel à ses sentiments,
Pour qu'y ait pas d'fuit' chez les All'mands.
Au poste j'crie : "Allo !"
On m'répond : "Parle plus haut !
« Tu n'as pas l'air, mon vieux fourneau
« D'savoir c'que c'est qu'un' magnéto ! »
— "Ah ! mes enfants,
Fait l'général gaiment,
" Je suis vraiment content
" J'ai l'cœur à l'aise !
" J'peux l'affirmer :
« Ces fils qu'on vient d'poser
« Ont grand'ment renforcé
« Les lignes françaises ! »

(Il descend de son échelle, prend son appareil téléphonique et demande la communication.)

Allo ! Allo !... Donnez-moi Courcelles !... Courcelles tout court..... La ligne Panthéon-Courcelles n'existe plus ?... Comment ?

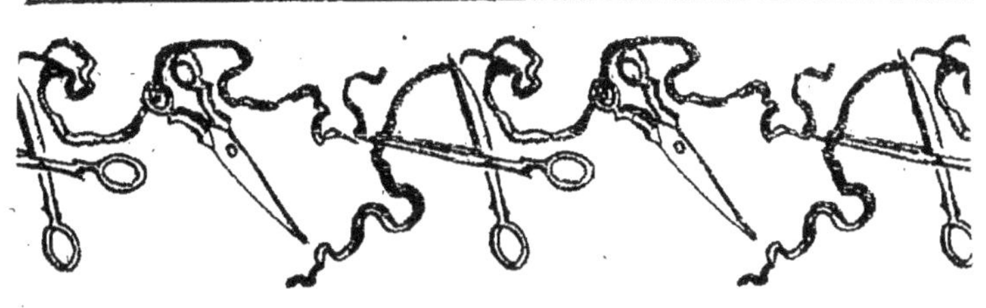

la ligne de Courcelles est coupée ?... Mais, je viens de la poser !... Qui l'a coupée ?... La censure ?... Ah ! mais elle est folle !... C'est pour elle que je viens de poser cette ligne... Alors, ça ne lui suffit pas de couper les lignes dans les journaux !... Voilà maintenant qu'elle coupe les lignes téléphoniques ! Ah ! c'est trop fort !... Il faut qu'elle coupe tout, cette satanée !...

La Commère

(entrant, au fond de la salle)

En effet, je suis bien coupable..... J'arrive en retard... et pourtant, j'ai coupé au plus court... Mais, avant de quitter Courcelles, j'ai tenu à couper court à toutes les conversations téléphoniques, pour couper les ailes aux canards qu'elles pourraient propager. Tant de gens ne demandent qu'à couper dans le pont !... Or, moi, je coupe, je coupe toujours... (Elle brandit ses ciseaux)

Le compère

Madame, ce que vous dites est très intéressant ; mais, si vous montiez sur la scène, nous pourrions commencer la revue.

La commère

Volontiers. Frappez les trois coups

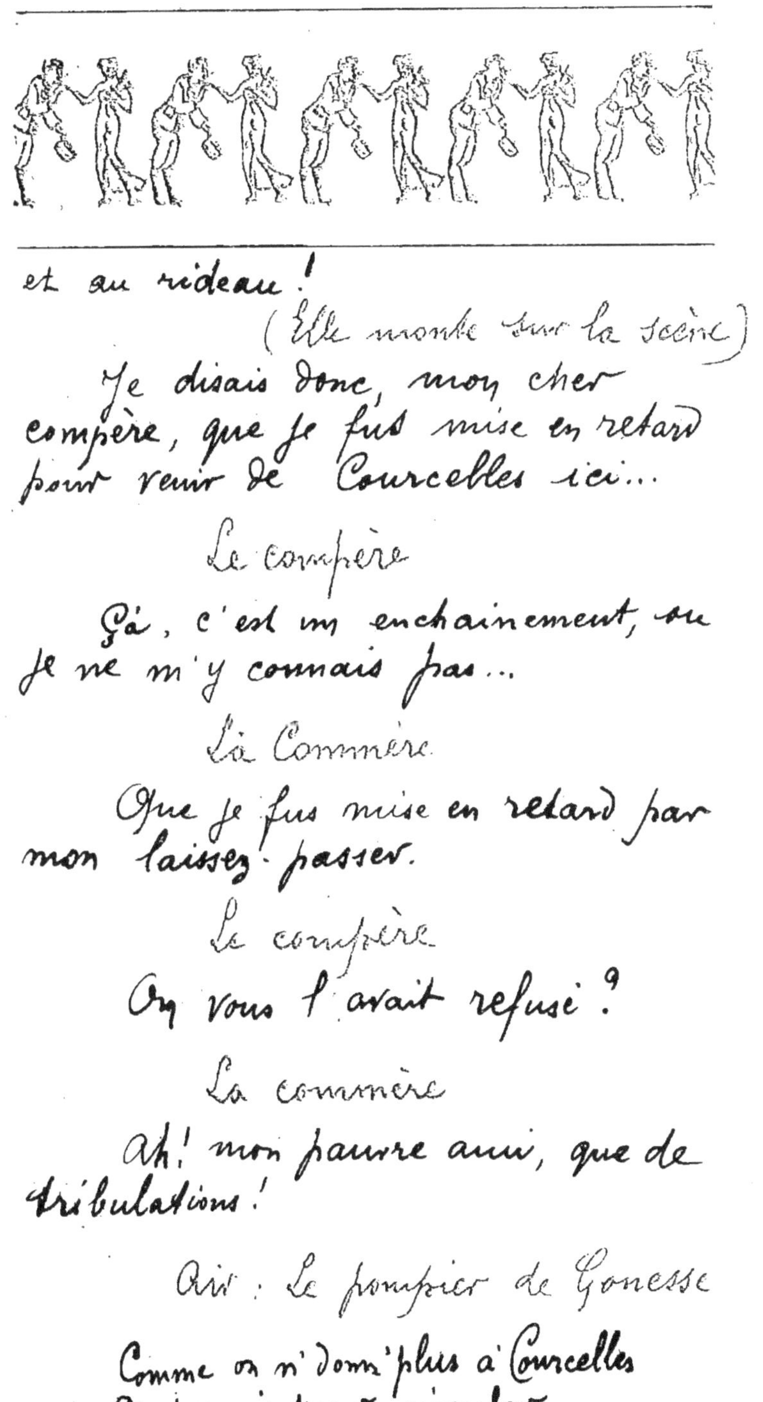

et au rideau!

(Elle monte sur la scène)

Je disais donc, mon cher compère, que je fus mise en retard pour venir de Courcelles ici...

Le compère

Çà, c'est un enchainement, ou je ne m'y connais pas...

La Commère

Que je fus mise en retard par mon laissez-passer.

Le compère

On vous l'avait refusé?

La commère

Ah! mon pauvre ami, que de tribulations!

Air : Le pompier de Gonesse

Comme on n'donn' plus à Courcelles
De permis pour circuler,

Je cherchais dans ma cervelle
Le moyen pour arriver.
Etant là d'ssus très novice,
J'fus d'abord aux renseign'ments.
« Voyez l'officier d'service,
M'dit-on, c'est un homm' charmant. »

A c't officier je m'présente,
J'lui d'mand' mon laissez-passer.
« Vous êt's vraiment ravissante,
Dit-il, ça n'coût' qu'un baiser. »
La transaction passée,
En riant, j'arrive au pont ;
Mais v'là qu'la maréchaussée
Sur moi s'élance d'un bond.

Au pandore je me présente,
J'lui montre mon laissez-passer.
Mais soudain, chos' terrifiante,
Il m'dit d'un ton courroucé :
« Quoi ! sans l'visa d'M'sieur l'Maire,
« Sur l'pont vous voulez passer ?
« Votre audace est singulière,
« Et j'devrais vous arrêter. »

Chez le mair' je me présente,
R'faisant l'chemin à grands pas,
Et d'un' voix toute tremblante
Je lui cont' mon embarras.
« Je plains votre destinée,
« Dit-il, mais il se fait tard.
« Demain, dans la matinée,
« Je vis'rai votr' pap'lard. »

Le lend'main, je me r'présente,
Et contre un nouveau baiser,
D'un' façon très complaisante,
J'ai mon s'cond laissez-passer.
Le mair', touché de mes larmes
Veut bien aussi le signer.
Cett' fois, j'pens' que le gendarme
N'aura plus à rouspéter.

Donc, au pont, je me r'présente,
J'lui montr' l'précieux document.
L'pandor', d'une voix éclatante,
Me dit : « Minute, un instant
« Cette pièce, j'obtempère
« Est bien datée maintenant,

Mais il manqu' l'itinéraire,
Il le faut subséquemment. »

Bien vite, je me r'présente
Au chef du cantonnement.
« Votre aventure est navrante,
Dit-il, mais c'est l'règlement.
Je veux, à têt' reposée,
Faire un rapport à c'sujet.
R'venez donc dans la soirée :
Votre itinéraire s'ra fait.

Dans la soirée, j'me r'présente ;
Tout est visé, revisé.
Après tant d'heures d'attente,
Sur l'pont j'vais pouvoir passer.
Jugez d'ma désespérance,
Et n'ai-j' pas lieu d'en crier ?
Quand le gendarme s'avance,
J'avais perdu le papier !...

Le compère

Eh ! bien, dans tout cela il n'y a rien de surprenant !... En France, l'admi-

nis-tra-tion, les services, quelquefois même les services militaires, ne marchent que grâce à ces formalités contre lesquelles tu t'insurges et l'âme de ces formalités, c'est, naturellement, la paperasse!

La commère

Comment, la paperasse? En temps de guerre!

Le Compère

Eh! oui, malgré toutes nos lignes téléphoniques, la sacro-sainte paperasse est et sera toujours l'éternel trait d'union entre les fonctionnaires comme entre les amoureux.

Air: Envoi de fleurs

Pour mieux t'obliger de penser à moi,
D'y penser toujours, d'y penser encore,
Je te f'rai chaqu' jour, deux ou trois envois
De petits poulets écrits à l'aurore.
Ces pauvres billets, souvent, n'diront rien.
Écrits fiévreus'ment au courant d'la plume,

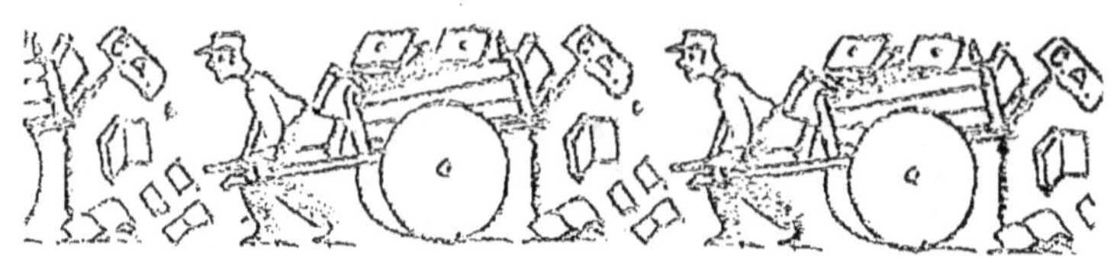

Mais d' tous ces p'tits riens, j' t'en supplie, aie soin,
Car, au bout d' quelqu's mois, ça f'ra des volumes.

Comme les amoureux l'ont fait de tout temps,
L'env'lopp' portera "Urgente" ou "Secrète".
Ça produit toujours au cœur des amants
Un petit frisson quand on décachète.
Mais, chaqu' jour de même, ô cher bien aimé,
Tu me répondras sans que rien te lasse.
Et, par notre amour, sera consommé
Le triomphe exquis de la paperasse.

La commère

Evidemment, ce n'est plus de l'amour, c'est de la rage. Mais ces messages, multiples et quotidiens, sont-ils au moins palpitants ?

Le compère

Peuh ! quelquefois... pas toujours. Mais il est souvent amusant, en lisant la première édition, de chercher à deviner quelle sera la forme définitive de l'édition suivante.

Air : Petit chagrin

Le C. Entrez dans un Etat-major,
Vous en voyez le chef d'abord :
C'est pour les ordres ;
La C. Mais, dans un' grand' pièce à côté,
Vingt secrétair's sont alignés
Pour les contre-ordres.

Le C. Enfilant le faubourg de Laon,
Des cyclistes, péniblement,
Portent les ordres ;
La C. Derrière eux, par monts et par vaux,
Circule un' bonn' douzain' d'autos
Pour les contre-ordres.

Le C. On organis' minutieus'ment
Un' surpris' contre les All'mands,
On donn' des ordres.
La C. Mais quand arriv' le grand moment,
Un planton s'amène en courant
Portant l' contre-ordre.

Le C. Aussi, je vous l' dis simplement,
Si vous voulez de l'avanc'ment,
Quand vient un ordre,
Loin d' l'exécuter fidèl'ment,
Croyez moi, prenez les devants,
Donnez l'contre-ordre.

La commère (prenant ses ciseaux)

Eh! là.... arrêtez, je vous coupe...

Le compère

Encore ? Décidément, c'est une manie... Il y a longtemps que vous avez contracté cette maladie ?

La commère

C'est de naissance. Mon père était coupeur.

Le compère

Dans quelle maison ?

La commère

Coupeur de chats... Ma mère était biaiseuse.

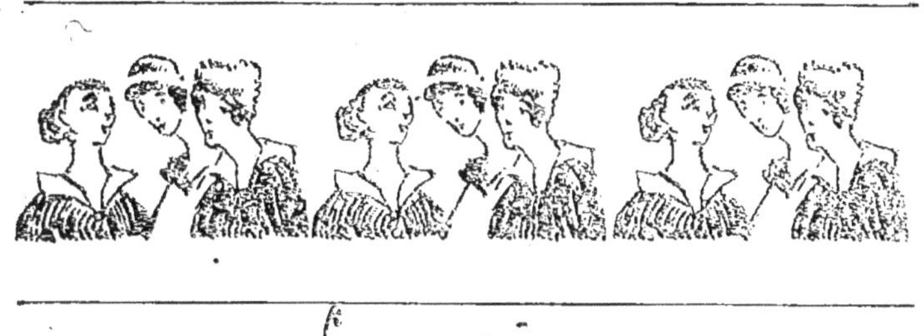

Le compère

Chez Paquin ?

La commère

Non, au Petit Parvis, où j'étais moi même vendeuse.

Le compère

Vous fûtes vendeuse au Petit-Parvis ?

La commère

Oui, avant d'entrer à la Censure.

Le compère

Vous deviez être une des plus aimables employées de ce délicieux magasin, dans lequel on trouve tout, même des sourires.

La commère

Oh ! les sourires..... Aux militaires on ne les vend pas, on les donne..... mais en tout bien tout honneur, car, comme me le disait hier encore une des plus jolies vendeuses de ce joli Paradis...

Air : Elle est pure

Je suis innocente et pure ;
Mais j'vous promets que j'prends en mains
Les intérêts du magasin :
Et si, par aventure,
Parfois je rencontre en chemin
Un p'tit lieut'nant que je trouv' bien,
Du doigt je lui montr' la d'vanture,
Tell'ment je suis pure.

Je suis innocente et pure,
Et si l'on me voit, par moments,
Les deux bras au cou d'un client,
Ce n'est rien, j'vous l'assure ;
On est en train de s'expliquer
Sur un col qui est trop étriqué,
Et tout ça c'est, je vous le jure,
Question d'encolure.

Je suis innocente et pure,
Et si, dans un coin, tout au bout,
On me retrouve à ses genoux
Au rayon de chaussures,
Je reste, quand on nous surprend,
Ce qui vous prouve assurément
Que, tout simplement, j'vous l'assure,
J'viens d'prendr' sa pointure.

Le compère

Oh! le pauvre petit ange!... Ne trouvez vous pas qu'elle mérite une réparation?

La commère

Par les armes?

Le compère

Non, par ses charmes!

Air: La Mascotte

Les employées du P'tit Parvis
Sont des Mascottes, mes amis;
Vraiment, ma foi, je f'rai ma botte
D'une Mascotte...

(Il pince la taille de la commère)

La commère

Bas les pattes!... Je ne suis pas venue ici pour faire des paillardises, mais pour jouer la revue.

Le compère

C'est entendu, mais si tu coupes tous mes effets, moi, je ne marche plus!

La Commère (vexée)

A ton aise, mon cher !

(Elle remonte au fond

Le compère (à part)

Il faut absolument la faire filer, sans cela, nous ne pourrons jamais aller au bout.

La commère (redescendant)

Qu'est-ce que vous ruminez ?

Le Compère

Rien !

(Il fait tomber brusquement le dessus du piano)

La Commère (pousse un cri)

Ah !... on bombarde !... J'ai envie de descendre à la cave...

Le compère (à part)

Parfait !... Je vais l'y enfermer... A nous les grands moyens !

(Il lui chante amoureusement).

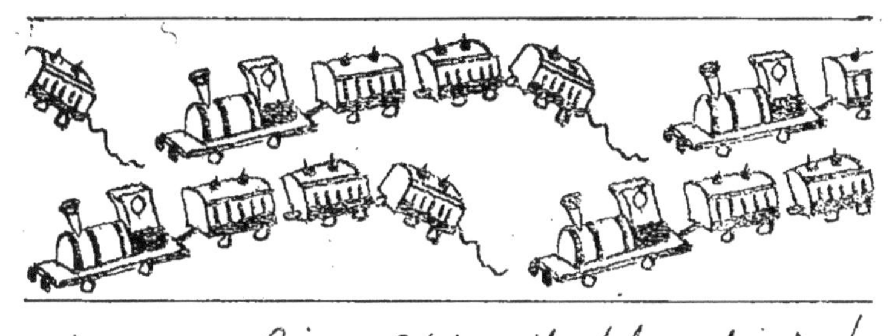

Air : Ah ! qu'il est beau le rêve !

Qu'il serait beau le rêve,
Que je f'rais près de toi !
Que bientôt il s'achève
En un troublant émoi !
En cet instant si grave
Où tout tremble ici-bas,
Ne me refuse pas
De descendre à la cave.

La Commère

Inutile !... Ça ne bombarde plus !

Le compère (à part)

Alors, je n'ai plus qu'à faire bombarder.

(Entre un petit gosse traînant avec une ficelle un chemin de fer mécanique)

Scène II

Les mêmes, le Gosse

Le compère (à part)

Oh ! une idée... (Au gosse) Dis donc, petit, avance un peu avec ton C.B.R...

Le Gosse

C. B. R de quoi ?... Tu peux pas être poli, Monsieur ; je t' parle t' y de ton air, moi ?... et pourtant t'en as un qu'est pas ordinaire.

Le compère
(l'imitant)

Je ne te parle pas de ton air, je te parle de ton chemin de fer, ton petit C. B. R. Si tu veux, nous allons y jouer ensemble.

La commère

Vous n'avez pas l'intention de jouer au chemin de fer, j'imagine ?

Le compère

Si, au contraire. Vous n'ignorez pas, ma chère commère, que lorsque les Boches supposent qu'un train entre en gare, immédiatement, ils bombardent ou

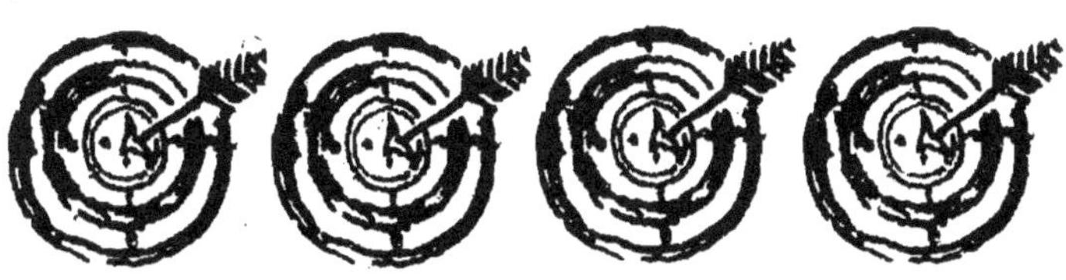

essaient de bombarder ladite gare...

La commère

Alors ?

Le compère

Nous allons simuler une arrivée de train en gare de Reims ; aussitôt, ils vont tirer dessus.

La commère

Ah ! mais non, pas de plaisanterie de ce genre... Je ne suis pas venue ici pour me faire tuer.

Le Compère

Moi non plus ; mais, chère amie, en faisant croire aux boches que le train entre en gare et en restant dans cette gare, nous sommes à l'abri, leurs obus devant mathématiquement tomber à Dieu-Lumière ou à Courlancy...

La commère

Mais pourquoi tenez vous à ce qu'ils tirent ?

Le compère (mystérieux)

Secret d'État !... (au public) J'espère qu'au premier obus elle va filer !...

(Imitation du train ; coup de grosse caisse

Le Gosse

C'est un départ...

La commère (inquiète)

Je ne suis pas tranquille...

(Une marmite, suspendue à un fil par deux petites poulies, descend du fond de la salle sur la scène).

Tous les trois

Air : Il court, le furet

Ell' part, ell' part, la Marmite
D'Béru, d'Brimont ou d'Witry ;
Ell' part, ell' part, la Marmite,
Mais ell' ne va pas très vite.

Le Gosse

Elle avance, la voici...
Viendra-t-elle jusqu'ici ?

Tous les trois

Ell' part, ell' part, la Marmite,
D'Béru, d'Brimont ou d'Witry;
Ell' part, ell' part, la Marmite,
Mais ell' ne va pas très vite.

La commère

La voici... elle s'arrête... elle va éclater...

(2ème coup de grosse caisse)

Ah!

Le Gosse

T'en fais pas, c'est nous qui tirons.

Le compère (portant au dehors la commère évanouie)

Enfin!...

Le gosse

Seuls!...

Le compère

Pour une fois, elle a coupé dans le panneau. Nous allons pouvoir parler librement

Le gosse

Maintenant que nous sommes

entre hommes!

Le Compère

En effet...

Le Gosse

Mais j'y pense, la marmite n'a pas éclaté!

Le Compère

Non... Ce sont des choses qui arrivent...

(Resifflement: l'obus revient en arrière)

Le Gosse (à l'obus)

R'tourn' chez ton père dir' qu'il t' finisse!...

Tous deux

Ell' rate, ell' rat', la Marmite
D'Beru, d'Brimont ou d'Witry;
Ell' rate, ell' rat', la Marmite,
Car ell' manqu' de mélinite.

Le Gosse

D'puis huit mois qu'ils tir'nt ici,
Il en est souvent ainsi.

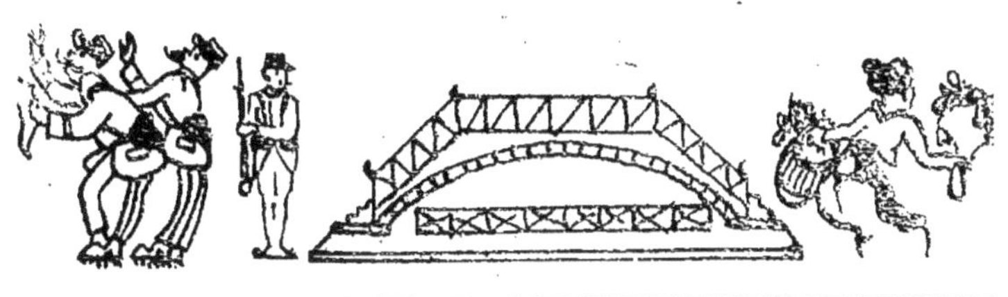

Tous deux

Ell' rate, ell' rat', la Marmite
D'Béru, d'Brimont ou d'Witry;
Ell' rate, ell' rat', la Marmite,
Car ell' mangu' de mélinite.

Le Compère

Ah! ces vieilles chansons de mon enfance, qui m'aurait dit qu'un jour je les retrouverais sur le pied de guerre?

Le Gosse.

Dame! Vous savez, M'sieu! Elles ont été mobilisées comme tout le monde. La preuve :

Air : Pont d'Avignon

Sur le pont de la Vesle,
On y passe, (bis)
Sur le pont de la Vesle,
Tout le monde y passe pêl'-mêle.

On y voit des terribles tauriaux,
Voulant à tout prix creuser un boyau;
On y voit, marchant d'un pas égal,

Les héroïqu's gendarm's du quartier général,
Qui n' reculent jamais d'vant un procès-verbal.
On y voit passer les gross's légum's postières,
Et cell's des formations sanitaires
De l'avant et de l'arrière,
Et des intendants et des gestionnaires,
Et un tas d'autres fonctionnaires,
De quoi remplir tout un ministère.
On y voit aussi des jeun's fill's coquettes,
Qui vont chercher à La Haubette
Les billets doux de leurs conquêtes.
On y voit de jolies fleuristes
Qui, malgré les temps si tristes,
Vous offrent sans embarras
Leurs sourires et leurs lilas.
On y voit mêm' de vrais soldats!

Sur le pont de la Vesle,
On y passe, (bis)
Sur le pont de la Vesle,
Tout le monde y passe pêl'mêle.

Air : Nous n'irons plus au bois.
Dans les bois de Cernay, quand l'été reviendra,
Brune ou blonde, chacune, oui da, chacune ira.

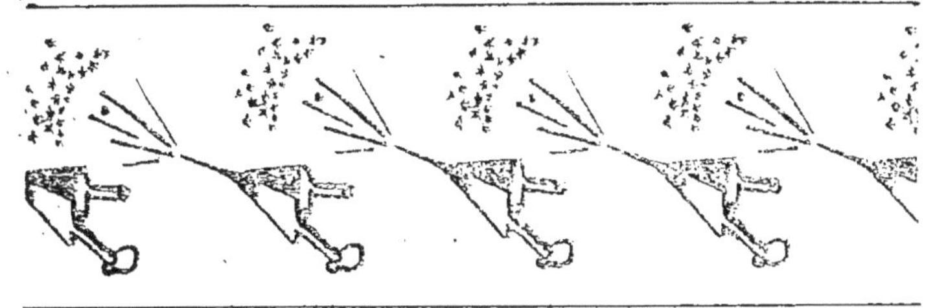

Car ces vilains boches,
Horribles et moches,
D'leurs trous
De loups
Ficheront le camp de chez nous.

Air : M. Dumollet

Bon voyag', les Boch's sont partis,
Dans leur pays qu'ils aillent se fair' pendre !
Mais hélas ! leurs poux rest'nt ici :
Vite, allons désinfecter nos lits !

Air : Cadet-Rousselle

Et pendant c'temps là, les teutons
N'auront plus d'ventres ni têtons,
Car le K K n'est pas en somme
Matière à engraisser son homme !
Ah ! Ah ! Ah ! Godfordec !
Les boches vont claquer du bec.

Air : La Capucine

Dansons la Capucine,
Y a du pain blanc chez nous,
Mais pas chez la voisine,
Gardons not' pain pour nous !
You !

Air : Malborough

Monsieur Guillaume est mort
Enterrez ce vilain croque'mitaine,
Monsieur Guillaume est mort,
Bourrelé de remords.
Hardi, les croque-morts !

Air : Auprès de ma blonde

Dans les jardins de France, } bis
Les poilus vont r'venir. }
La fleur de l'Espérance
Pour eux va refleurir.
Auprès de ma blonde } bis
Qu'il f'ra bon dormir. }

Le compère

Qui t'a appris ces belles chansons, mon petit ami ? Ta maman ?

Le Gosse

Maman n'a pas le temps, elle travaille avec les Dames de la Croix-Rouge.

Le compère

C'est dommage, car si elle chantait aussi bien que toi, je lui aurais demandé de remplacer la commère.

Le Gosse

Eh! bien! dis donc, M'sieur, je peux t-y m'en aller maintenant avec mon C.B.R.?

Le compère

Oui, tu peux t'en aller, tu l'as bien gagné.

(Le gosse sort en chantant sur l'air de "La bonne aventure")

Tout l'monde en voiture,
O gué!
Tout le monde en voiture!

(On frappe à la bouche d'égout)

Scène III

Le Compère, Le Rédacteur

Le compère

Maintenant, continuons la revue... Mais plus de commère !.. Si j'allais la sortir de la cave ?...

(On frappe à nouveau à la bouche d'égout)

Où frappe-t-on ? Serait-ce à la bouche d'égout ?... Soulevons-la... Si jamais c'étaient les boches... ces vaux de Cernay ?... Oh ! alors, qu'est-ce qu'ils prendraient !

(La plaque se lève brusquement, et le Rédacteur paraît

Le Rédacteur

Air : Faust

Me voici ! D'où vient ta surprise ?
Ne suis-je pas mis à ta guise ?..

La pelle au coté, la plume au calot,
La musette pleine, un riche manteau
Sur l'épaule : en somme,
Un vrai gentilhomme !

Le Compère

Eh ! dis-donc, mon vieux, d'où viens-tu ?

Le Rédacteur

Je viens de l'égoût... Je m'y promenais loin des balles.

Le Compère

Drôle d'idée !...

Le Rédacteur

Oh ! des égoûts et des couleurs il ne faut pas discuter.

Le Compère

C'est vrai, vous êtes jeune et dans

un égoût, qu'on est bien à vingt ans!

Le Rédacteur

Oui... Ce n'est pas sans charmes, je m'en donne à bouche que veux-tu...

Le compère

A boches que veux-tu? devriez-vous dire.

Le Rédacteur

J'ai toujours été porté sur la bouche...

(Air : Faust)

Salut, demeure chaste et pure! (bis)
N'accepterez-vous pas, sympathique compère,
Mes bottes en caoutchouc,
Pour visiter l'égoût?

Le Compère

Même air

Non, Monsieur, je ne veux prendre échelle

Ni pelle,
Et je n'ai pas besoin
D'risquer d'y prendre un bain

J'veux pas qu'tu m'emmènes dans la boucke,
Car y a des rats,
D'vieux chiens, d'vieux chats
Et cætera.
Je n'suis pas farouche,
Mais j'veux pas qu'tu m'touches,
Car, cré-non !
Mon colon,
Vrai, tu n'sens pas bon !

Le Rédacteur

N'avons nous pas tout prévu maintenant contre les mauvaises odeurs et les gaz délétères ? Ce masque protecteur, par exemple, avec lequel nos poilus pourront recevoir des balles masquées...

(Le compère allume une allumette ; le rédacteur l'éteint avec un vaporisateur).

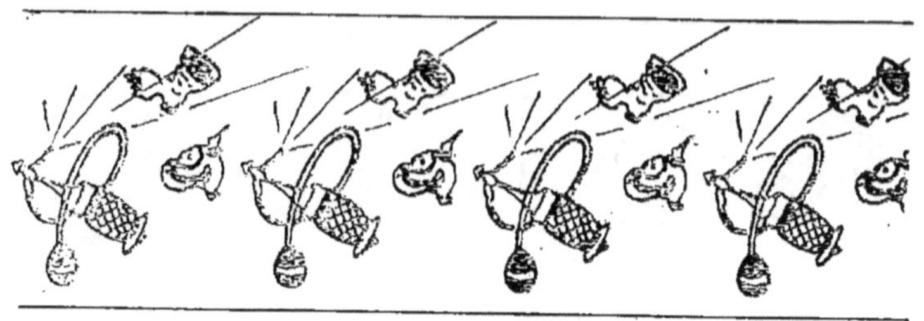

Le Compère

Que faites-vous ?

Le Rédacteur

J'avais cru voir s'échapper de votre allumette quelques vapeurs jaunâtres et je les neutralisais avec mon vaporisateur au nitrosulfite de Pougues...

Le Compère

Tout cela est très joli, mais ne me dit pas ce que vous faisiez en ce lieu de délices.

Le Rédacteur

Devinez !

Le Compère

Vous êtes un vieux parisien. Peut-être cherchiez-vous dans les égoûts l'illusion du Métro ?

Le Rédacteur

Non.

Le Compère

Aviez-vous rendez-vous avec une jolie femme ne voulant pas se compromettre aux yeux vigilants et actifs de la police locale ?

Le rédacteur

Non... Du reste, vous ne trouverez pas... J'aime mieux vous le dire de suite... Je cherchais tout simplement...

Le Compère

Tout simplement ?

Le Rédacteur

Des "bruits de boyaux" pour le "Cri de Guerre".

Le compère

Ah ! ce fameux journal des poilus, rédigé et édité sur le front ?

Le Rédacteur

Mais-zoui, Monsieur, l'organe de

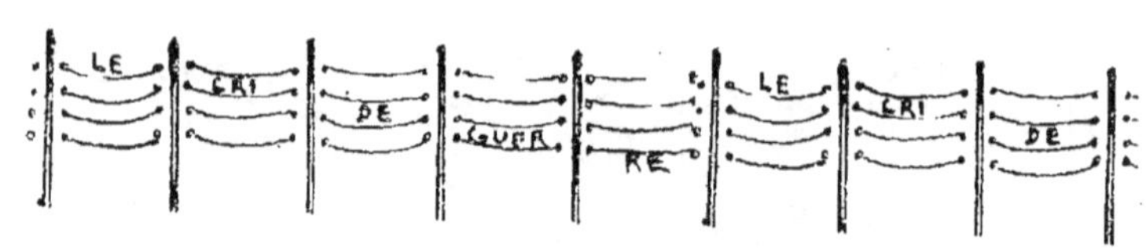

la 103e. brigade. Direction : celle de l'ennemi. Administration ; rue de la Victoire. Abonnement ; remboursable en courage et en bonne humeur.

Le Compère

Je suis très heureux de vous rencontrer. Dites moi, quelle est la nuance de votre journal ?

Le rédacteur

Couleur locale...

Le Compère

J'entends... mais votre nuance politique ?

Le Rédacteur

Sa cocarde a les trois couleurs, les trois couleurs de la Patrie.

Air : Le Clairon

L'air impur et l'esprit large,
Quand il s'adonne à la charge,
Le "Cri de Guerre" est content.

Et tandis que la famine
Vide le bocke et la mine,
Il parait... intermittent.....

Le "Cri de Guerre" est un brave,
Imprimé hors de la cave,
Narguant le bruit du Canon,
Au milieu de la mitraille,
Il décrit mainte bataille,
Car il parait sur le front.

Tantôt gai, tantôt acerbe,
Dédaignant, journal superbe,
Toute obole et tout secours,
S'il nous laisse dans l'attente,
Gardant sa vigueur latente,
Il parait tard, mais toujours.

Devant sa tournure osée,
Voyant la femme amusée
Et les Zouaves rougir,
Alors, son gérant s'arrête:
Sa dernière tâche est faite,
Il achève de dormir.

Le Compère

Et à quand le prochain numéro ? — A très bientôt, j'espère...

Le Rédacteur

Oh ! Je vous vois venir... Vous êtes sans doute pressé de lire la suite du fameux feuilleton de Michel Zevacissimo ?

Le Compère

Tout juste !

Le Rédacteur

Vous le lirez bientôt... malheureusement, il ne va pas velocissimo.

Le Compère

Oui, il va moins vite que son fameux canon fantôme... le canon circulaire !

Le rédacteur

Le canon qui a tant intrigué les Rémois...

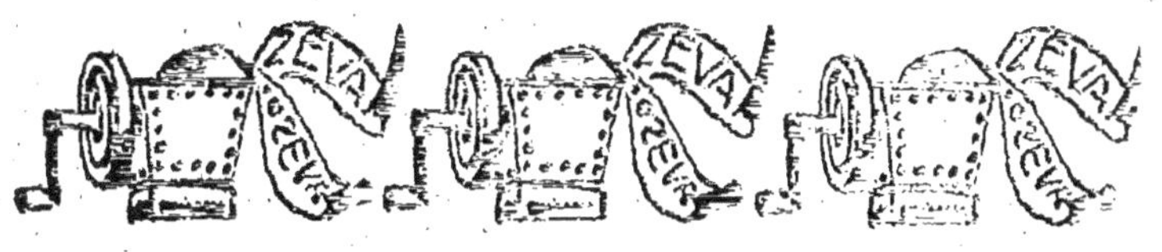

Le compère

Ne serait-ce pas tout simplement une allusion au canon à deux coups des boches, qui semble être tiré au cœur même de la ville ?

Le rédacteur

Chut ! pas un mot... Je vais tout vous dire.

Air : Faust

Tu voudrais bien savoir quel est c'canon en somme,
Si c'est un court, un long et comment il se nomme ?

Air : Jocelyn

Au fond du sûr asile où Dieu les a conduits,
Tous les états-majors, pendant les longues nuits
Reposaient, doucement allongés dans leurs toiles.
Chacun sait qu'on y dort mieux qu'à la belle étoile.

Air : Ah ! badaboum !

Tout à coup, au milieu de c'paisible repos,
On entend un canon qui fait un bruit nouveau
Ah ! badaboum !

Les uns dis'nt qu'ça vient d'partir d'la Cathédrale
D'autr's du faubourg Cérès, la chose est colossale !
Ah ! badaboum !

Air : La Tonkinoise

Oh ! ce canon, n'vous déplaise,
Etait l'ca-ca,
Etait l'ca-ca,
Le canon d'treize,
Dont les boches, dans leur rage,
Contre nous faisaient usage.
La population civile
Parl' de qui-qui,
Parl' de qui-qui,
Quitter la ville ;
Quelques militaires aussi
Parl'nt de quitter Courlancy !...

Air : Ninette

L'état-major, plein de rogne,
Fit venir un artilleur.
Puis on lui dit sans vergogne :
« Faut que l'treiz' reparte ailleurs.
« Il nous poursuit sans relâche.

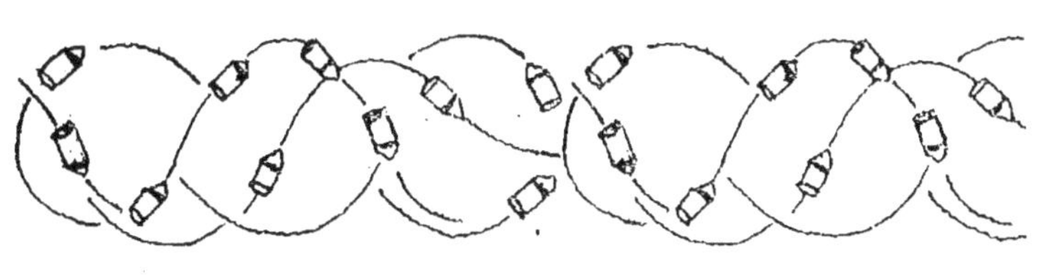

„Tapez d' ssus, fait's-le cesser;
„Du rest', pour aider votre tâche,
„J' vais vous dir' ce que j'en sais.

Air : Vous êtes jolie

„Je sais que l'ogive est jolie,
„Que la fusée porte des traits
„Qui se suivent de près
„Sur sa face polie.
„Je sais que c'est une folie !
„Mais on prétend,
„Qu'en tirant,
„Il s'y r'prend
„A deux temps
(Parlé) : Poum ! Poum !
„Je sais, je sais que c'est une folie !„

Air : Ninette

« A le détruir', je m'engage,
— Dit l'artilleur, très formel, —
« Mais complétez mon bagage
« Par quelque fait personnel. »
Alors, se levant d' sa chaise,

En faisant un grand effort
Quelqu'un dit : « Le canon d'treize,
« Ah ! messieurs, j'en tremble encore...

Air : Cloches de Corneville

« Je regardais en l'air ;
« Un' marmit' dégringole.
« Aussitôt, ventre à terre,
« Je lui dis cett' parole :

Air : Les enfants

« Il ne faudrait faire aux passants
« Nulle peine, même légère.
« Sache bien qu'en les caressant
« Ton sifflement peut leur déplaire. »

Air : Ninette

« Cette parole était très sage,
– Reprit alors l'artilleur – ;
« Elle aura suffi, je gage,
« Pour qu'il s'carapate ailleurs.
« Pourtant, j'vais fair' diligence,
« Car à chacun j'veux donner
Des conseils pleins de prudence,
Que d'vant vous j'vais résumer.

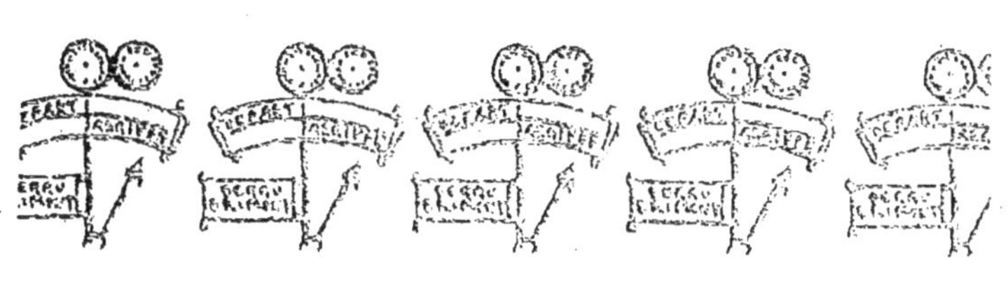

Air : Petit poupon

« Avec soin, pendant tout' la nuit,
« Vous le repér'rez par le bruit ;
« Et mêm', j'vous r'commande
« D'repérer sur le B de bruit.
« Car, ainsi faisant, l'on déduit
« Un' précision plus grande.

« J'exige en outr' que les veilleurs
« Ne passent pas la nuit ailleurs,
« L'erreur serait extrême.
« J'pass'rai moi-même au pigeonnier,
« Et si j'les pince à roupiller,
« Ils verront si j'les aime. »

Air : La jambe de bois

Et l'veilleur, interviewé
Commence par bafouiller :
« Je n'sais pas si ma vue baisse,
« Mais ça v'nait d'Nogent-l'abbesse...
Ah !
« Pourtant ensuite j'ai bien cru
« Qu'ça pourait v'nir de Béru.
« Et d'ailleurs, il s'pourrait bien

« Qu'après tout il n'y eût rien...
« Rien, rien !...
« Encor j'n'en suis pas certain...

Air : Stances de Flégier

« Car parfois, en fermant les yeux,
« Quand je vois au ciel une étoile,
« Soudain à mon cœur ça dévoile
« Un signal du boche odieux. »

Air : La jambe de bois

Et le pauvre homm', tout à coup,
Gesticula comme un fou.
La secousse était trop forte,
Et sa raison était morte.....
Ah !
Je m'arrêt', mon cher ami,
Craignant d'dev'nir fou, aussi,
Et ma chanson reprendra
L'jour qu'on les expulsera
Pouah ! Pouah !
Quand est-ce donc qu'ça viendra ?

(Entrent deux petits conscrits de la classe 1925)

Scène IV

Les mêmes,

Les deux conscrits de 1925,

puis le poilu de 1915.

(Les deux gosses ont déjà des allures de vieux poilus)

Le 1er conscrit de 1925

Bientôt !

Le Rédacteur

Tiens ? un poilu ?

Le 2e conscrit de 1925

Oui, un poilu.... et nous en mettrons.... nous aussi, nous les poilus de la classe 1925.

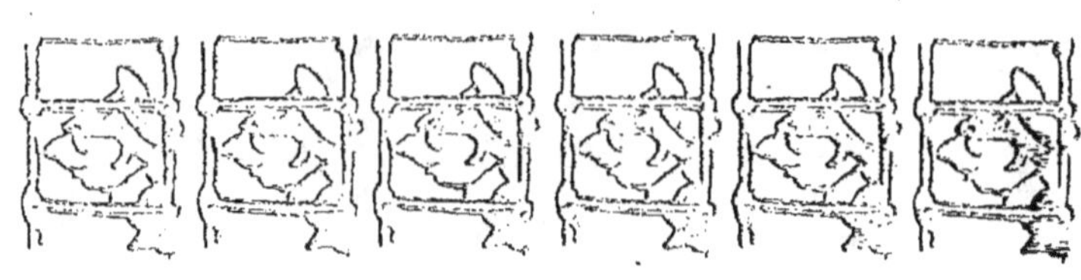

Le compère

Vous êtes mobilisés ?

1er conscrit de 1925

Pas encore, malheureusement, car comme le disait Serge Basset, dans le dernier numéro de « Mon Journal », quand la classe 1925 sera mobilisée, il y aura longtemps que nos canons se seront tus.

Le rédacteur

Espérons-le !...

Air : Lorsque les lilas fleuriront

Le compère

Lorsque nos canons se tairont,
On verra, la chose est certaine,
Le Kronprinz dans un cabanon...
Lorsque nos canons se tairont.
Et ce tendre fils, l'âme en peine
S'écriera, plein d'affection,
Lorsque nos canons se tairont :
« Allez dire à mon pèr' qu'il vienne ! »

Le 1er conscrit de 1925

Lorsque nos canons se tairont,
Les Germains, traqués dans leurs bouges,
Tous leurs lâches forfaits expieront,
Lorsque nos canons se tairont.
Je sens mon petit cœur qui bouge :
Les ministres se décid'ront,
Lorsque nos canons se tairont,
A nous rendr' le pantalon rouge.

Le Rédacteur

Lorsque nos canons se tairont
Neutres, (honni soit qui mal y pense)
Prendrez peut-être un' décision.
Lorsque nos canons se tairont.
Je nourris même l'espérance,
— N'est-ce pas trop de prétention ? —
D'voir, quand nos canons se tairont,
Les Bulgar's entrer dans la danse.

(Entre le poilu
de 1915)

Le poilu de 1915

Oui, mais... nos canons se tairont
Lorsque ton sol, France chérie,
Sera purgé de ces Teutons...
Alors, seul'ment, ils se tairont.
Héros tombés pour la Patrie,
Lorsque nos canons se tairont,
Tous les lilas refleuriront
Pour que vos tombes soient fleuries.

(On entend, à la cantonade, une fanfare)

Le compère

Qu'entends-je ?

Le rédacteur

Ne serait-ce pas l'arrivée du cortège ?

Le compère

Quel cortège ?

Le poilu de 1915

Le cortège de Jeanne d'Arc, dont on fête aujourd'hui, à Reims, le glorieux anniversaire.

(Peu à peu, la foule pénètre sur la scène)

Air : Le rêve passe

Entendez-vous, là-bas, la joyeuse fanfare ?
Les bataillons, au loin, viennent de se masser.
Un indicible émoi de tous les cœurs s'empare,
Car l'âme du pays sur la foule a passé.
Les étendards brillants au soleil étincellent ;
Et c'est un très poignant et sublime tableau
Quand tous les régiments vont faire à la Pucelle
Le salut du Drapeau.

(Les deux conscrits de 1925 vont prendre chacun un drapeau et encadrent le poilu de 1915.)

Des artilleurs,
Des hussards, des dragons, d'la ligne.
Aux trois couleurs
Voici les étendards en ligne.
Saluons tous
Ces emblèmes de la vaillance ;
Découvrons nous
Devant les drapeaux de France.

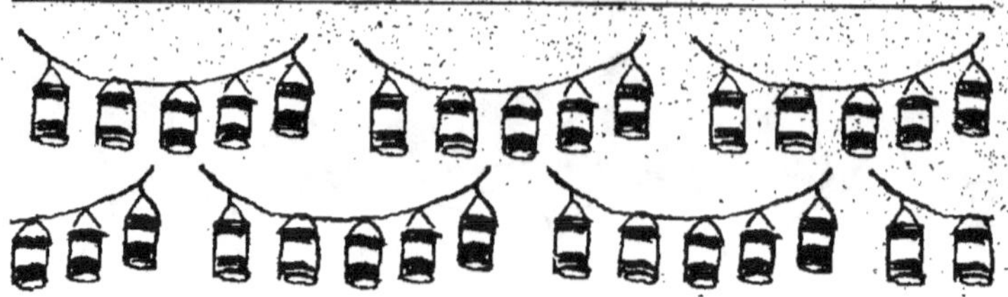

Dans nos âmes, soudain,
Voici que passe un rêve;
A l'horizon lointain
Une aurore se lève.
C'est l'heure du combat!
C'est Jeanne qui nous mène!
Nous sommes les soldats
De la Vierge Lorraine.
Et dans nos cœurs l'espérance renaît.

Les canons,
Les clairons!
Ecoutez...
Les artilleurs
Les hussards, les dragons, la ligne:
A tous honneur!
De leurs aînés ils sont dignes.
En avant,
Sur la place!
Sonnez aux champs!
Le rêve passe.
Chant de la Marseillaise

(Rideau)

F. Descbarreaux

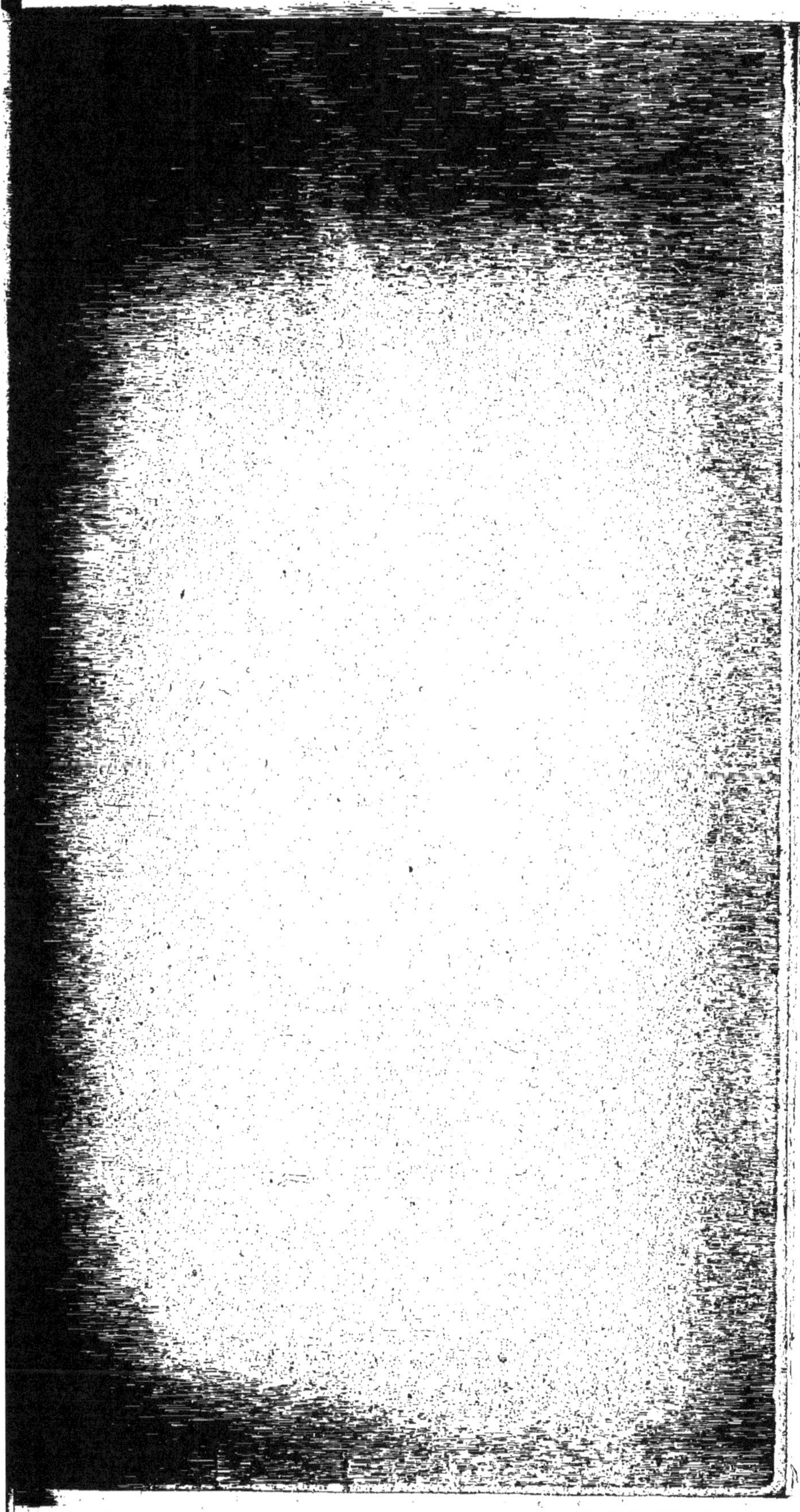

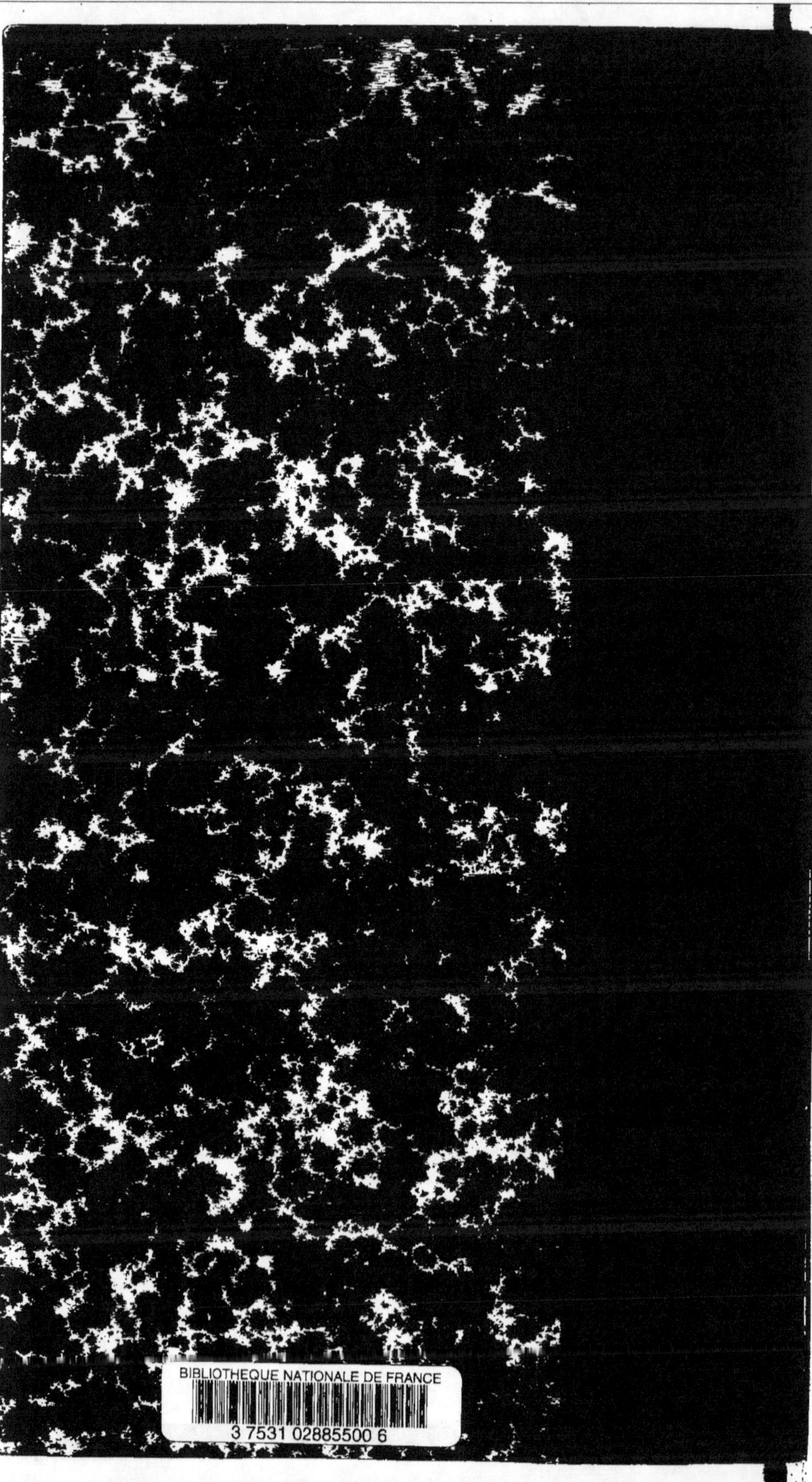

www.ingramcontent.com/pod-product-compliance
Lightning Source LLC
LaVergne TN
LVHW020434230826
846091LV00004B/1496

* 9 7 8 2 0 1 3 6 2 3 3 0 8 *